Науково-популярні назви Жанв'є Т. Чандо
ГЕГЕМОН У СТАНОВЛЕННІ: НАРОДЖЕННЯ ТА ЗРОСТАННЯ...
ЗАГИБЛІ ГЕРОЇ: африканські лідери, чиї вбивства...
ІКОНИ ТА ЛИХОДІЇ: Нещодавні політичні вбивства...
УКРАЇНА: перетягування каната між Росією та Заходом
КАМЕРУН: Серце з привидами Африка

Художні назви Жанв'є Чандо
Узурпатор: та інші історії
Потрійний агент, подвійний хрест
Учні Фортуни
Союз Муджик
Спалах сонця
Заклики удачі
Володар удачі
Діти удачі
Дівчина на стежці
Я перед ними
Бабусі та досконале кохання
Легенда про вогонь і лід
Найсолодше божевілля
Голодний вогонь
Відтінки вогню
Батько і сини
Доленосні зв'язки
Вирок Аїду
Суд над Його Величністю
Безумство Нґоко
Узурпатор
Придане
Мене ненавидять
ОАФ

Майбутні назви Жанв'є Чандо
Домашні бродяги
Смертні друзі
Білий яструб
Норильські ведмеді

Україна:

Перетягування каната між Росією та Заходом

Жанв'є Ч. Чандо

ТИСИ БООКС

НЬЮ-ЙОРК, РОЛІ, ЛОНДОН, АМСТЕРДАМ

ISBN-13: 979-8-87-974545-0
ISBN-10: 8-87-974545-X

ВИДАВНИЦТВО ТИСИ БООКС
www.tisibooks.com

НЬЮ-ЙОРК, РОЛІ, ЛОНДОН, АМСТЕРДАМ

Надруковано у Сполучених Штатах Америки

ЕПІГРАФ

«Час революціонерів з повною свободою маневру минув».
— *КРІСТОФЕР НКВАЄП-ЧАНДО*

ВИЗНАННЯ

Моя найглибша, найтепліша і вічна подяка моїй матері Терезії Нджомо Чутеу-Чандо

САМОВІДДАНІСТЬ

Присвячується світлій пам'яті моєї мами Єлизавети Мацілісо Чітя-Чвенко та тітки Анни Мапаяне Чітя

Україна:

Перетягування каната між Росією та Заходом

Жанв'є Т. Чандо

ВМІСТ

КАРТИ

Карта областей (областей або областей) України

Геополітична орієнтація України

Ambivalent Ukraine = Амбівалентна Україна

Core Ukraine = Ядро України

Crimea = Крим

For West = Для Заходу

Nationalist Ukraine = Націоналістична Україна

Russian-Oriented Ukraine = Україна, орієнтована на Росію

Transcaparthia = Закапартія

Історичні регіони України

Середньовічні східнослов'янські племена 800 р. н.е.

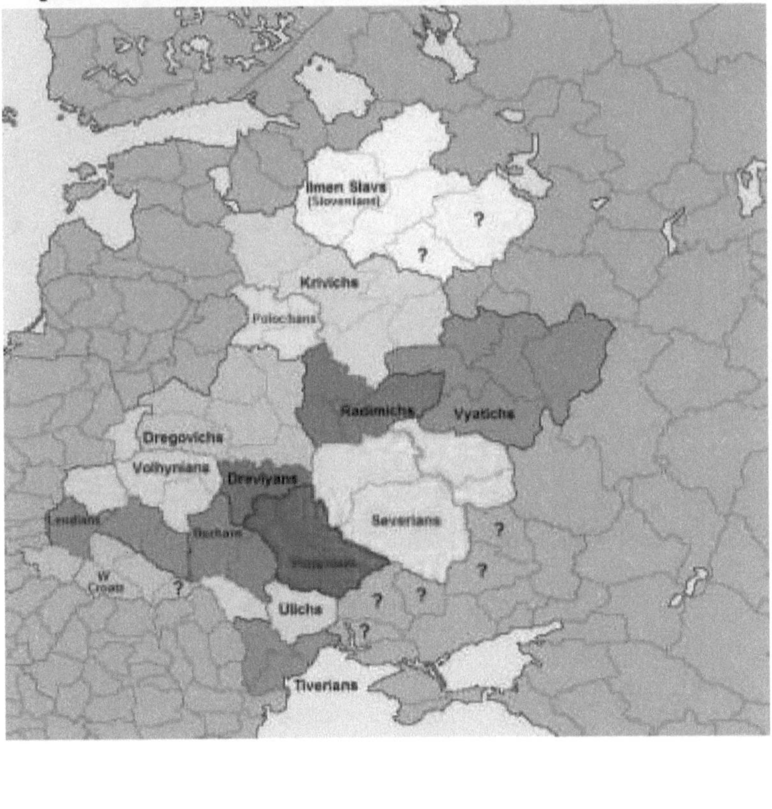

Київська Русь (1054-1132 рр. н.е.) та входили до її складу князівства

Білорусь (Біла Русь), Росія, Україна

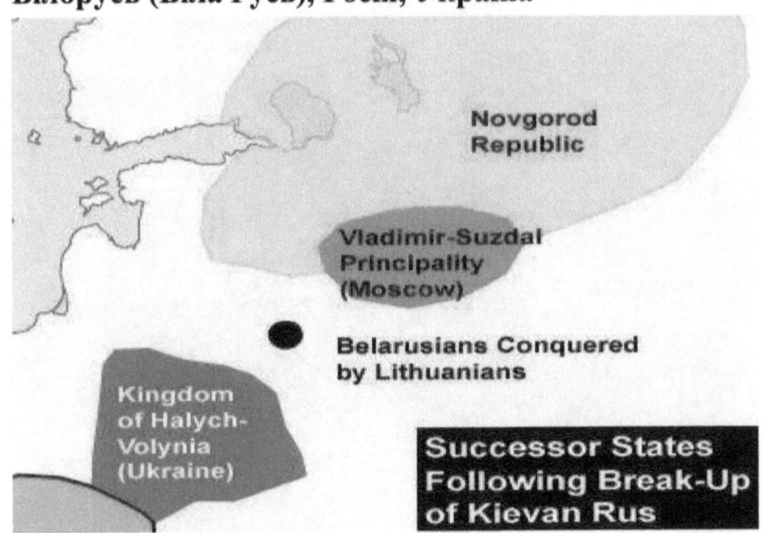

Галицько-Волинське королівство 1253–1349 рр., інакше зване Малоросійським царством (Західною Україною), що виникло після загибелі Київської Русі після монгольської навали 1239-41 рр. та окупації земель (Золотої Орди), звідки також виникла Московія (Російська імперія).

Річ Посполита 1569-1795 рр.

Обриси **Речі Посполитої** з її основними підрозділами після Деулінського перемир'я 1618 року, накладених на сучасні державні кордони.

Корона Королівства Польського

Велике князівство Литовське

Лівонське герцогство

Герцогство Пруссія, польський феод

Герцогство Курляндія і Семигалія, феод Речі Посполитої

Короткочасна Гетьманщина або козацьке військо 1649–
1764 років (незалежна від Польщі в 1648—1657 роках під
час повстання на чолі із запорозьким козацьким гетьманом
Богданом Хмельницьким, поки не присягнула на вірність
російському царству). Багато істориків вважають першою
українською державою.

Недовговічна Українська держава у квітні-грудні 1918 року,
утворена антибільшовиком Павлом Скоропадським

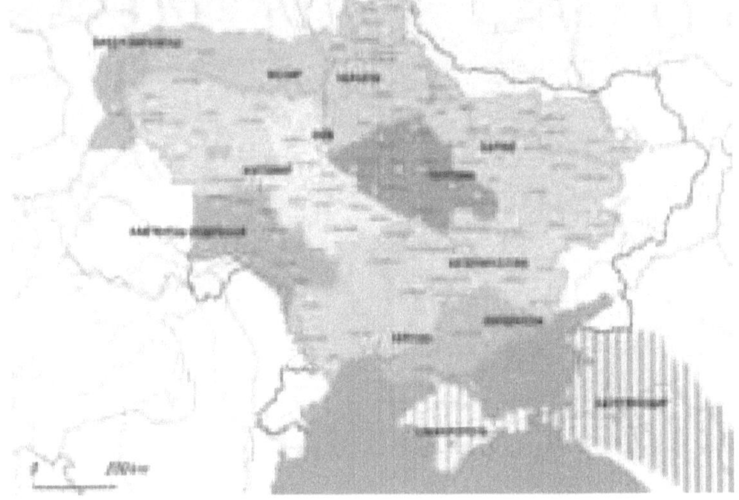

Territories annexed to Ukraine...

Політична карта України до лютого 2014 року

Відсоток етнічних росіян в Україні за регіонами 2001 року за переписом населення України

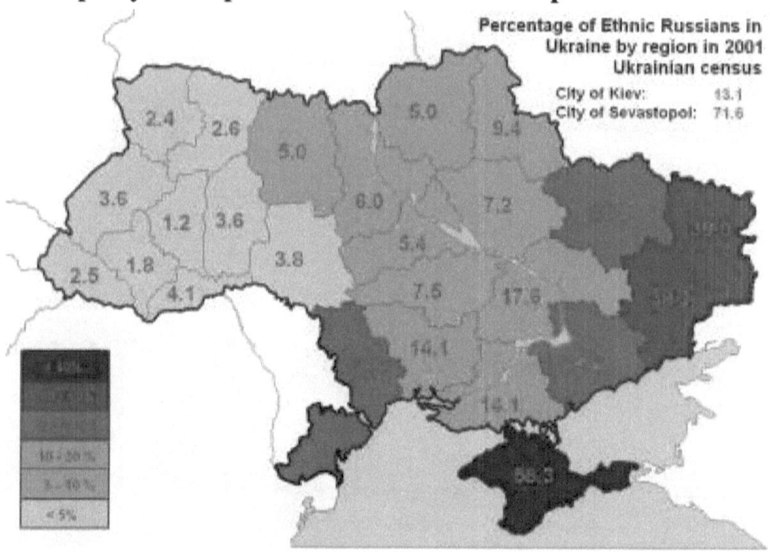

Відсоток тих, хто хоче, щоб російська мова стала другою державною

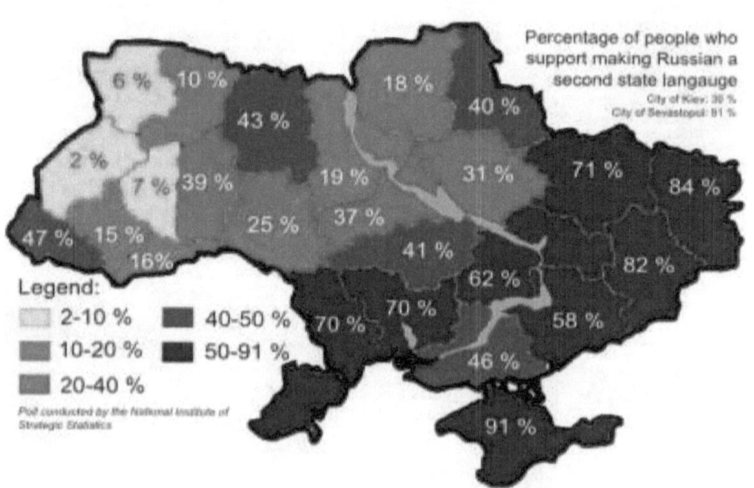

Мови, якими розмовляють в Україні та Білорусі

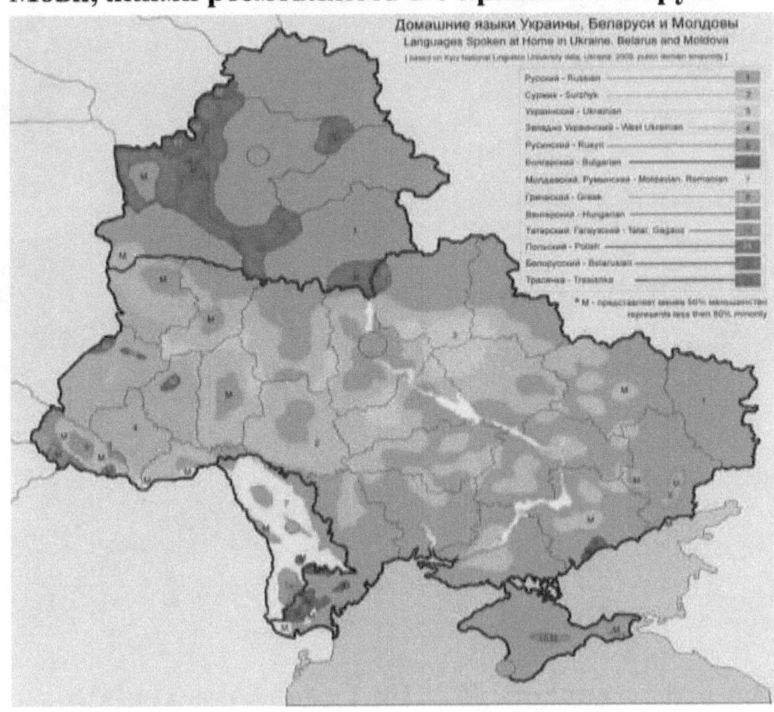

Мова, якою розмовляють вдома в Україні

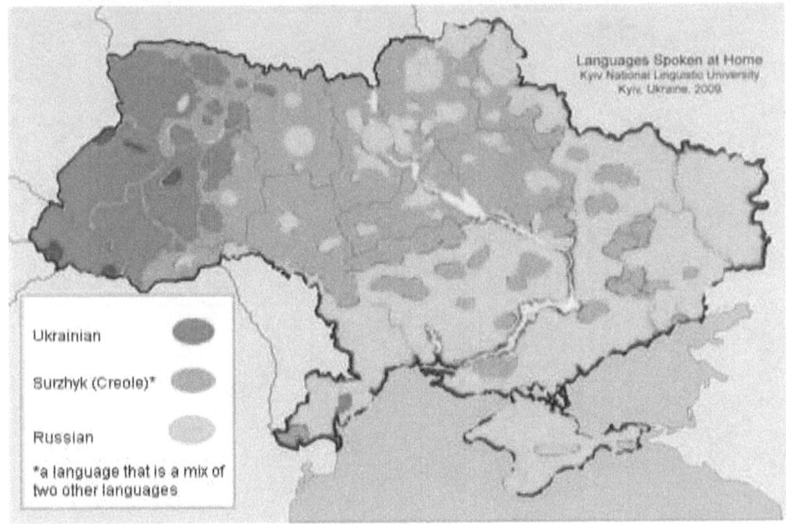

Адміністративний поділ України за місячною заробітною платою

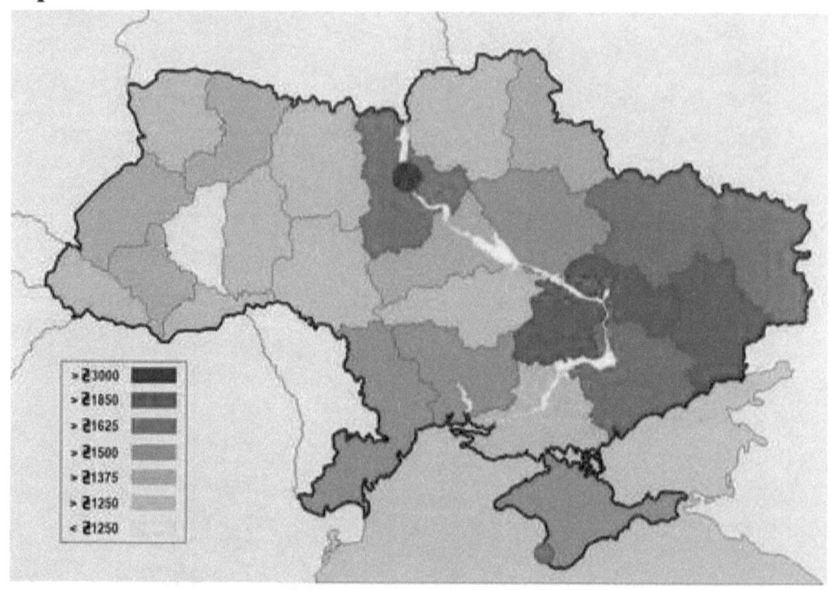

Президентські вибори 2010: Тимошенко (синій), Янукович (червоний)

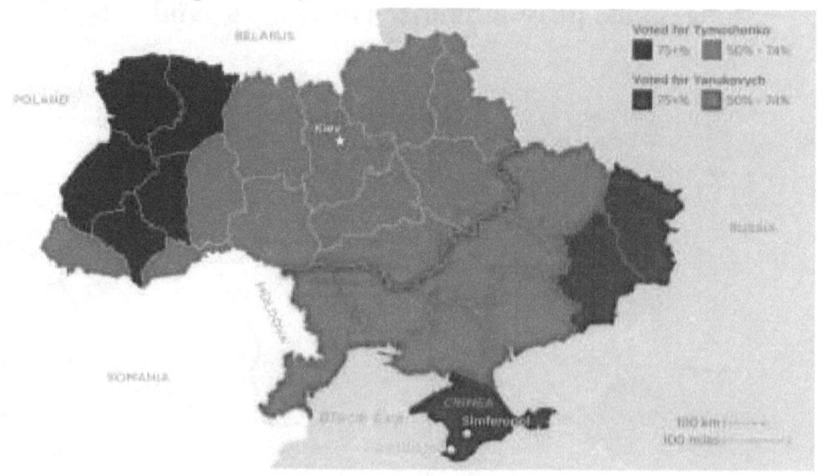

Карта зростання Російської імперії

Кримське ханство близько 1600 р., поряд з територіями, на які претендували Московія (Російська імперія) та Польща (Річ Посполита)

Карта Новоросії 1897 р.

Карта Слобожанщини (Слобідська Україна)

Україна на карті СРСР (Союзу Радянських Соціалістичних Республік)

Східнослов'янські діалекти України та за її межами

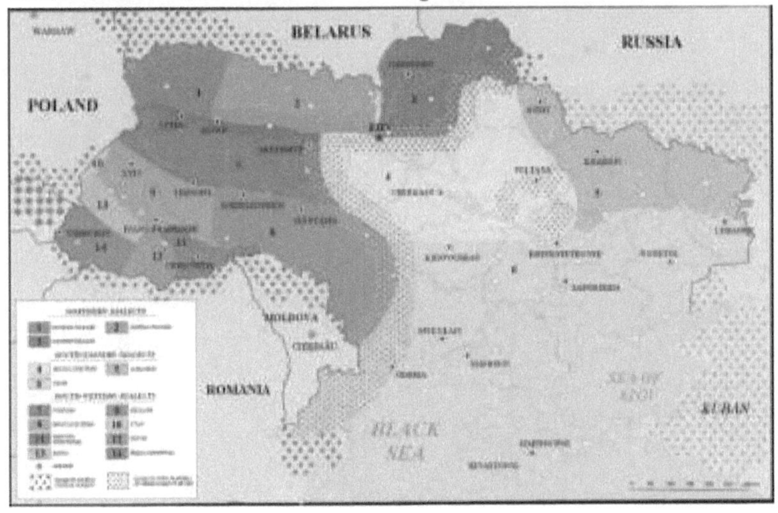

Цитати

«Щоб відзначити російсько-українське партнерство, у 1954 році 300-річчя Переяславського договору було відзначено на всій території Радянського Союзу надзвичайно грандіозно. Крім численних гулянь, незліченних публікацій і незліченних виступів, ЦК ВКП(б) видав навіть тринадцять «тез», в яких доводилася незворотність «вічного союзу» українців і росіян: «Досвід з історії показав, що братерський союз і союз, обраний росіянами і українцями, був єдино вірним шляхом. Об'єднання цих двох великих слов'янських народів примножило їх сили в спільній боротьбі з усіма зовнішніми ворогами, проти кріпосників і буржуазії, проти царизму і капіталістичного рабства. У цій боротьбі зросла і зміцніла непохитна дружба російського та українського народів». Щоб підкреслити той факт, що унія з Москвою принесла велику користь українцям, річницю Переяслава увінчали поступкою Криму Україні Російською республікою «на знак дружби російського народу».

Але «подарунок» Криму був набагато менш альтруїстичним, ніж здавалося. По-перше, тому що півострів був історичною батьківщиною кримських татар, яких Сталін вигнав під час Другої світової війни; росіяни не мали морального права її віддавати, як і українці не мали права її приймати. По-друге, через близькість та економічну залежність від України зв'язки Криму з Україною, природно, були більшими, ніж з Росією. Нарешті, анексія Криму обтяжила Україну економічними та політичними проблемами. Депортація татар у 1944 році створила економічний хаос у регіоні, і саме бюджет Києва мав компенсувати втрати. Важливішим був той факт, що, згідно з переписом 1959 року, в Криму проживало близько 860 000 росіян і лише 260 000 українців. Хоча після 1954 року Київ намагався залучити більше українців у регіон, росіяни, багато з яких були особливо непохитними у відкиданні будь-яких форм українізації, залишалися переважною більшістю. Як наслідок, кримський «подарунок» значно збільшив кількість росіян в Українській Республіці. У зв'язку з цим, безумовно, це був відповідний спосіб позначити Переяславський договір».

Орест Субтельний, *"Україна: історія"*

"Є сотні тисяч шотландців, які визнають англійську, ірландську чи валлійську частину свого єства. Так само переплітаються життя і долі в Каталонії та Іспанії, в Україні та Росії».

Михайло Ігнатьєв

«Путін не зміг би пережити повернення Криму до складу України більше, ніж Бібі Нетаньяху, повернувши Східний Єрусалим Йорданії».

Пет Б'юкенен

«Через тринадцять років після розпаду Радянського Союзу американський прес-істеблішмент, схоже, прагнув перетворити протестні президентські вибори в Україні 21 листопада (2004 року) на нову холодну війну з Росією».

Стівен Коен

"Ставлення Заходу і Росії до такої кризи, як Україна, діаметрально відрізняється. Захід намагається встановити законність будь-якого встановленого кордону. Для Росії Україна є частиною російської вотчини».

Генрі Кіссінджер

«Якщо ви думаєте, що переворот з метою повалення обраної влади – це переворот скрізь, то ви повинні згадати, як проходили вибори в Україні в 2004 році, як проходили вибори в Грузії в 2003 році, коли результати виборів були зірвані і викинуті революційними діями».

Сергій Лавров

Розділ Перший

Непотрібне балансування на межі України з боку США, ЄС та Росії

І західні країни (Організація Північноатлантичного договору — НАТО, і Європейський Союз — ЄС), і Росія займаються практикою чи мистецтвом проведення небезпечної політики до межі безпеки, перш ніж зупинитися. Ця практика боротьби на межі непотрібна, вона ризикує призвести до ненавмисної війни. Вони повинні відкинути своє его і працювати з двома сторонами українського політичного розколу та виробити робочу угоду для країни, яка поважатиме історію, культуру, цінності та ідентичність різних народів України.

Люди запропонували українську федерацію трьох

областей або одиниць, що складаються з їхніх теперішніх провінцій. Вони є:

- Двомовна Центральна Україна з центром навколо Києва, де російська та українська мови однаково визнані

- Федеративна одиниця Східної/Південної України, де визнається поширеність російської мови

- І Західноукраїнська федеративна одиниця, де переважає українська мова.

Інші пропонували більшу автономію за зразком Сполучених Штатів Америки. Навіть модель німецької федерації популярна в деяких колах. Також можна багато чому навчитися з політичних моделей Швейцарії, Бельгії, Канади, Боснії та Об'єднаних Арабських Еміратів.

Враховуючи наведені вище пропозиції, читач може взяти участь у моїй подорожі, щоб знайти рішення для України. Це було б рішенням, коли Україна виходить із трясовини як сучасна, демократична, ліберальна, прогресивна та стандартна країна; це була б трансформована Україна, яка відчуває себе комфортно з її різними гранями як прикордонна нація в серці Європи.

Україна була збентежена бурхливою історією Європи. Однак країна має бути готова та прагнути використати свій величезний потенціал, щоб стати символом для інших країн континенту та світу.

Карта областей (областей або областей) України

Історичні регіони України

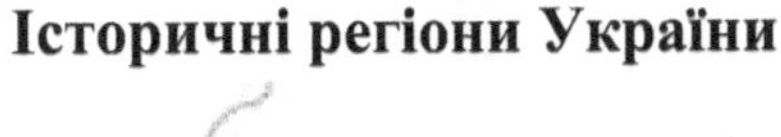

Геополітична орієнтація України

Ambivalent Ukraine = Амбівалентна Україна

Core Ukraine = Ядро України

Crimea = Крим

For West = Для Заходу

Nationalist Ukraine = Націоналістична Україна

Russian-Oriented Ukraine = Україна, орієнтована на Росію

Transcaparthia = Закапартія

Розділ Другий

Конфлікт в Україні: де багато хто ігнорує історію, хронологію та причинно-наслідкові зв'язки

Важко брати участь у змістовних дебатах щодо конфлікту в Україні, оскільки емоції та порядок денний, здається, є правилом, що перешкоджає спробам міркувати. Люди схильні сперечатися, щоб виграти, форма дебатів, яка далека від діалектики, форма обміну, до якої прагнуть вільнодумці, не скуті таємними планами, сентиментальністю чи комфортом невігластва. У цікавій бесіді з людиною, ураженою «синдромом відмови», я помітив, що кажу йому, що «тобі не вистачає відчуття історії, ти не знаєш хронології, причинно-наслідкових зв'язків і так далі. І перш за все підзвітність». На жаль, але, мабуть, крапка залишила свій слід.

У ситуації, коли будь-хто, хто сліпо не стоїть на боці

нової київської влади, таврується російським тролем, комуністом чи антизахідником тими, хто підтримує усунення Януковича з посади президента України новою владою в Києві; у випадку, коли прихильність до Києва несе в собі ризик отримати ярлик фашиста, імперіаліста, расиста, прихильника Заходу, фанатика або керованого інтересами; Бути вільнодумцем, особливо тим, хто виступає за консенсус, здається, зовсім не модно.

Почнемо з того, що я не прихильник Януковича. Він був злодієм. Як і до і після нього, але принаймні він виграв найвільніші вибори в історії України. Більше половини України, яка проголосувала за нього до влади, не брали участі в його поваленні, і, судячи з усього, це була робоча половина України (Подивіться на карту ВВП і ВВП на душу населення, щоб зрозуміти, про що я говорю).

На Майдані/ Чим це викликано?

Позиція Заходу: Янукович відмовився підписувати угоду про асоціацію з ЄС (з додатком з проханням звільнити його суперницю на президентських виборах 2010 року Юлію Тимошенко, яка була засуджена українським судом до семи років позбавлення волі 11 жовтня 2011 року після того, як її визнали винною у зловживанні своїм становищем під час переговорів щодо газової угоди з Росією 2009 року, злочинно перевищивши свої повноваження на посаді прем'єр-міністра на той час, в уряді попереднього президента України Віктора Ющенка).

Позиція Януковича: Угода була самогубною. Прийняття цього означало б погодитися на деіндустріалізацію половини України, яка становила його опорну базу; ЄС надав мало фінансової підтримки чи стимулів і вимагав реформ, які потягли б Україну вниз. Коротко кажучи, у короткостроковій перспективі більше болю, ніж користі, пігулка від програшу на виборах. А Україна опинилася в жахливому економічному та фінансовому становищі. Росія відповіла невтішній пропозиції ЄС, запропонувавши допомогу Україні у вигляді позик, які він прийняв. (Щодо заклику ЄС звільнити Юлію Тимошенко, Янукович заявив, що справи проти неї були позапартійними заходами, спрямованими на боротьбу з корупцією в Україні).

Реакція: Цей швидкий та ефективний крок з боку Росії, якого не очікували ще нещодавно, не сподобався опонентам Януковича, непропорційно більшість яких походять з регіону Галичини, інакше званого Галичиною (Львівська, Тернопільська та Івано-Франківська області), де ксенофобські націоналісти становили авангард («Правий сектор», «Свобода» тощо), а потім значна частина з інших частин Західної та Центральної України. а також струмочки зі

Сходу/Півдня України. Ці антиросійські групи протестували на Майдані Незалежності в Києві, підтримані фізичною присутністю членів уряду США (Вікторія-Нуланд з виконавчої влади, Маккейн з Законодавчого органу тощо), членів ЄС, таких як Кетрін Ештон із закордонних справ ЄС, а також інших іноземних європейських діячів. У липні 2014 року британська газета The Daily Mail прокоментувала ситуацію в Україні: *«Не дивіться також на ЄС, де колишня співробітниця місцевої ради леді Ештон, яка безглуздо відповідає за закордонні справи, тицьнула російського ведмедя тонкою палицею, намагаючись заманити Україну в лоно Брюсселя. [82]"*. Крім того, той факт, що європейські лідери, такі як Ангеліна Меркель з Німеччини, прийняли видатних лідерів антиянуковичівських сил (Олега Тягнибока, Віталія Кличка, який сьогодні є мером Києва, та Арсенія Яценюка, який обіймав посаду прем'єр-міністра України з 27 лютого 2014 року по 14 квітня 2016 року) і висловили свою перевагу серед трьох лідерів Майдану, Перевага, яка суперечила поглядам Вікторії Нуланд зі США, вказувала на те, що грандіозні плани вже попереду, навіть незважаючи на те, що західні держави не були повністю синхронізовані одна з одною щодо того, як далеко вони повинні зайти, щоб відірвати Україну від Росії.

Якщо ми загуглимо програму Бі-Бі-Сі (Снайпери на

Майдані: нерозказана історія різанини в Україні – Newsnight---*Snipers at Maidan: The Untold story of a massacre in Ukraine – Newsnight)) про снайперів Майдану*, які розпочали стрілянину (по поліції) на площі, перетвореній опозицією на табір протестувальників або табір опору, тим самим граючи роль агентів-провокаторів, тому що їхня стрілянина спонукала поліцію відкрити вогонь у відповідь (відповідь, яку я досі не схвалюю), стає очевидним, що вбивства на Майдані Незалежності в Києві були організовані, щоб ще більше осквернити Януковича.

Основываясь на тогдашних словах Януковича и недавнем интервью ВВС, в ходе которого он заявил, что не отдавал приказ о стрельбе и не называл это ответной стрельбой со стороны полиции, пытливый ум находит больше вопросов, чем ответов по доминирующей версии. представлено корпоративными СМИ. Многие люди задумались.

Люди погибли (протестующие и полиция), и был найден консенсус при посредничестве западных держав. Это украинское соглашение, подписанное президентом Виктором Януковичем и лидерами оппозиции, направленное на прекращение многомесячного политического кризиса, призывает:

- Досрочные выборы,
- Союзное правительство,
- и за вывод сил (правительства и протестующих).

Янукович виконав свою частину угоди, прибравши

своїх силовиків з вулиць. Однак ультранаціоналісти, які становили авангард протестного руху, відсунули на другий план трьох лідерів протестного руху, скористалися виведенням військ Януковичем з Києва, а потім пішли за президентом Януковичем, який втік до Харкова. Наступного дня його опоненти в однопалатному парламенті України скликали Верховну Раду або просто Раду, головували на засіданні, де його прихильників проганяли/били/погрожували/вмовляли тощо. Як наслідок, кількість парламентаріїв, які віддали свої голоси того дня, становила менше половини, що значно менше кворуму, який зробив би голосування законним. Однак їхнє голосування за повалення Януковича як президента України, за те, що він назвав його втікачем і попросило про його арешт, підтримали США, НАТО, ЄС та решта Західного світу.

Питання, яким задаються прихильники Януковича:

Як ми думаємо, що сталося б, якби ультранаціоналісти потрапили до рук президента України Віктора Януковича, який перебуває в облозі?

"Сценарій Каддафі, звичайно..." Російські союзники Януковича і мільйони тих, хто вважає Майдан державним переворотом проти демократично обраного Януковича, дотримуються цієї точки зору, яка в різних формах виражається в словах, які звинувачують західні держави (НАТО і Європейський Союз) в організації повалення

Януковича на посаді президента України підтримуваними Заходом Силами Майдану. Каддафі, лівійський диктатор, був убитий підтримуваними Заходом силами, які боролися проти його режиму під час повстання, яке переросло в громадянську війну в Лівії 2011 року.

Більшість раціональних умів очікували, що ті, хто виступив посередником у угоді між Януковичем та його опонентами, виступатимуть проти неконституційного захоплення влади опонентами Януковича; Більшість раціональних умів очікували, що західні брокери наполягатимуть на виконанні угоди. Але оскільки цього не сталося, оскільки брокери радісно заявляли, що все це марно після того, як ті, кого вони підтримували, силою захопили владу, більшість раціональних умів дійшли висновку, що Януковича обманом змусили піти на компроміс або консенсус, який залишив його вразливим до примх своїх опонентів чи ворогів, тим самим зробивши можливим захоплення влади його опонентами.

Як сказав Янукович в інтерв'ю, Путін допоміг врятувати йому життя, наказавши російським військам вивезти його з України в безпечне місце в Росії. І, як заявив минулого тижня новий президент України Порошенко у своєму зверненні до суддів країни, «усунення Януковича було неконституційним». Очевидно, що він готується до ще одного страшного руху на Майдані, щоб повалити його, який, як очікується, знову очолять ультранаціоналісти, деякі з яких висловлюють свої наміри захопити владу для себе (вони її називають черговою революцією на Майдані).

- *Чи схвалюю я реакцію Росії на повалення Віктора Януковича, якому Кремль не повністю довіряв?*
- Ні. Так само, як я не схвалюю втручання Заходу в українські справи до і після Януковича, кроки, які підірвали суверенітет України в цьому процесі.

- *Чи боялися кримчани подій у Києві і хотіли возз'єднатися з Росією?*
- Так, більшість жителів Криму не схвалювали повалення Януковича, за якого проголосувала абсолютна більшість кримчан.

- *Чи скористалася Росія ситуацією?*
- Так, вплинуло.

- *Чи народ Донбасу (Донецьк і Луганськ) також виступав проти неконституційного повалення Януковича?*
- Так, вони це робили і говорили про це найголосніше; адже він їхній син і за нього переважною більшістю голосували на останніх президентських виборах, які він виграв, які світ вважає найвільнішими в українській історії.

- *Чи підтримували жителів цих антимайданних провінцій України російські громадяни (переважно донські козаки, які межують з Росією)?*

- Так, реакціонери до повалення Януковича мали підтримку з боку громадян Росії, деякі з яких мають українське походження, так само, як іноземні громадяни підтримували протестувальників на Майдані.

- *Чи діяв мудро підтримуваний Заходом уряд Порошенка, атакувавши протест, який переріс у повстання в Донецькій та Луганській областях Донбасу?*

- Ні, опоненти Януковича, які захопили владу в Києві, діяли нерозумно. Що б вони відчували, якби народ Сходу скинув колишнього прозахідного президента України Віктора Ющенка?

З вищесказаного ми розуміємо причини, чому дві українські фракції (проросійська і прозахідна) повинні сидіти разом і вирішувати свої розбіжності, беручи до уваги страхи, занепокоєння, мрії, надії, гордість, культуру і зв'язки один одного; подібно до того, як південноафриканці вирішували свої розбіжності десятиліть тому і вийшла з апартеїду як «Нова Південноафриканська Республіка», яка зупинила своє сповзання в прірву і почала свій рух у багатообіцяюче майбутнє як країна, яка має шанобливе місце для всіх своїх громадян.

Консенсус – це те, що пропонують раціональні, логічні та гуманні уми. Жодна сторона в Україні не може перемогти іншу. Янукович з його незліченними недоліками розумів це краще, ніж недосконалий Порошенко та інші сильно ущербні символи українського націоналізму.

Релігійний фундаменталізм сьогодні є найбільшою загрозою для людства, і нації та народи, яким він загрожує, повинні бути достатньо раціональними, щоб відкласти в сторону свої дрібні розбіжності і почати працювати разом, щоб зробити світ безпечним і сприятливим для тих, хто не сп'янілий опіумом спотворення релігії.

Ми можемо знайти певну втіху або світло, зробивши урок з цитати французької легенди Шарля де Голля, який писав: *«Патріотизм – це коли любов до власного народу стоїть на першому місці; Націоналізм – це коли на перше місце виходить ненависть до інших людей, крім своїх».*

Беручи до уваги цю цитату, раціональний розум не може не задатися питанням, чи є більшість українських націоналістів патріотами чи чимось іншим, чи є вони расистами та крайніми ультраправими у своїх поглядах та діях, як їх зображують їхні опоненти.

1 липня 2015 р.

Розділ Третій

Конфлікт в Україні та ЗМІ як відображення неправильної геополітичної системи та викривленого бачення людства

Світ потребує перебудови, заснованої на гуманізмі і зосередженої на людяності, перекалібрування того, якими мають бути відносини між націями, такої, яка позбавлена лицемірства і де людські цінності ставляться вище ірраціональних «я» або національних інтересів. Світ потребує цього моменту перезавантаження, нехай навіть ненадовго. Якщо рушії світу не займуться такою перебудовою, то ми всі приречені. Наш світ також гостро потребує відкритості або гласності, де «називати речі своїми іменами» було б нормою, де переважають чесність, порядність і спільні інтереси.

Взаємодія з геополітичними новачками, які керуються власними інтересами, дає прихильникам соціальної солідарності уявлення про обмеженість деяких рушіїв і потрясінь світу, які вважаються експертами з міжнародного права, міжнародних відносин та історії, чиї дії та політика мають спрямовувати людство до миру та прогресу, але, на жаль, підштовхують світ до самознищення.

Більшість гуманних людей, альтруїстів і захисників соціальної солідарності засуджують лицемірство, що відбувається сьогодні у світовій політиці. У світі, який переслідує так багато техногенних конфліктів, яких можна було уникнути, український конфлікт виділяється як найдурніший, тобто для раціонального розуму. На жаль, ми живемо у світі, де раціоналізм з кожним днем стає все меншим і дефіцитнішим, і де багатьом світовим лідерам, здається, бракує розуміння наслідків своїх дій і політики.

В українському конфлікті стає зрозумілим, що українці дозволили своїм елітам використовувати себе, що Захід спровокував конфлікт своїми діями в країні до, під час і після протестів на Майдані, процесу, який призвів до повалення колишнього демократично обраного президента України Віктора Януковича, що викликало реакцію Росії, що призвело до нинішнього протистояння в країні сьогодні. Я розумію позицію Росії у світлі підступної тактики Заходу в Україні. Однак я не підтримую всі дії Росії , оскільки я засуджую дії та політику західних держав в Україні. На жаль, прості люди, простий український народ є жертвами того безладу, в який сьогодні перетворилася країна, бардаку, в якому хулігани тепер спрямовують курс нації, нацьковуючи братів на братів. Тим не менш, з Півдня можна винести уроки Африка побудови «Нової України», де гаслом є консенсус. Зрештою, прозахідна сторона чи проросійська сторона не може нав'язати свою волю іншому, не знищивши при цьому Україну.

Чого багато гуманістів не можуть зрозуміти, так це лицемірства і підлабузництва. Навіщо невтомно працювати над тим, щоб скинути демократично обраного злодія (Януковича), який замінив в Україні іншого демократично обраного злодія (Ющенка), підтримуваного Заходом, і в той же час підтримувати злих, кровожерливих диктаторів при владі в інших частинах світу, тиранів, яких переважна більшість відкидає їхній народ? Підтримуваних Заходом маріонеток-психопатів багато в Африка (Пол Бія з Камеруну - 33 роки при владі (зараз при владі більше 41 року), Обіанг Нгема з Екваторіальної Гвінеї - 37 років при владі (зараз при владі більше 44 року), Еядема Того - 5 десятиліть (майже шість десятиліть при владі), Бонго з Габону - 5 десятиліть і т.д. (повалений рік тому після майже 6 десятиліть перебування при владі)), які продають свої країни іноземним структурам, рятують награбоване в західних банках, збіднюють свої країни і підштовхують своїх кращих громадян голосувати ногами, переїжджаючи в розвинені країни, лише для того, щоб деякі громадяни країн, що їх приймають, називали їх нелегальними іноземцями; Проте засоби масової інформації не говорять про це прокляття людству і африканському народу, зокрема про прокляття, які видають себе за глав держав; проте головні сили світу навіть не пропонують їх повалення (вони служать інтересам іноземних організацій і обслуговують фанатичну думку про те, що «африканці не можуть досягти успіху»). Ось чому раціональні уми вважають дивним, що корпоративні чи мейнстрімні ЗМІ радіють і навіть вважають нормальним, що обраного президента України усунули від влади неконституційним шляхом, але ці ж ЗМІ дивуються, чому люди, які проголосували за Януковича до влади, мали «сміливість» протистояти підтримуваному Заходом перевороту. Це все одно, що зґвалтувати людину і розсердитися на те, що їй не сподобалося порушення, і поставити під сумнів зґвалтування.

Будь-який справжній гуманіст і демократ також ненавидів би поведінку поваленого президента України Януковича, але він був не більше ніж злодієм. Хлопці, яким Захід допоміг владі в Києві через повалення Януковича, також є злодіями і ще більшими вбивцями з ексклюзивним порядком денним, яких підтримує авангард (ультраправі групи) з фашистськими/нацистськими ідеями та методами, які піддають остракізму близько половини населення України, мислення, яке забруднює світ.

Світові лідери повинні почати підходити до геополітичних питань, маючи на увазі людяність як головну мету. Їм потрібно наслідувати Нельсона Манделу. Це єдиний підхід, який в кінцевому підсумку приведе до перемоги над політичним екстремізмом і просування справи людства. І якщо не вирішити проблему нинішнього лицемірства і в Африка, континент стане наступною геополітичною гарячою точкою між зростаючим Китаєм, західними країнами та іншими зростаючими державами світу. Африці потрібно дозволити їй очистити африканський будинок, і найбільше, що можуть зробити іноземні держави, це допомогти їй досягти очищення будинку. По правді кажучи, багато іноземних держав частково відповідальні за безлад, у якому сьогодні опинилися багато африканських країн.

Релігійний фундаменталізм є найбільшою загрозою для людства сьогодні, і нації та народи, яким він загрожує, повинні бути достатньо раціональними, щоб відкинути свої дрібні розбіжності та почати працювати разом, щоб зробити світ безпечним і сприятливим для тих, хто не одурманений опіумом релігії, який було спотворено спотвореними розумами.

6 травня 2015 р.

Розділ Четвертий

Домінуючі мови України

A. Абсолютнопреобладает Русский (Повністю переважає російський) = Темно-зелений

Б. Относительнопреобладает Русский (Відносно переважає російський) = Світло-зелений

В. АбсолютнопреобладаетУкраинский = Помаранчевий

Регіони України та Білорусі:

Запад = Захід (Україна)

Центр = Центр (Україна)

Востокцентр = Центр Схід (Україна)

Восток = Схід (Україна)

Юг = Південь (Україна)

Основні мови, якими розмовляють в Україні та Білорусі:

- Русски= Російська
- Украинский=Українська
- Суржик=Суржик
- Трасянка=Трасянка

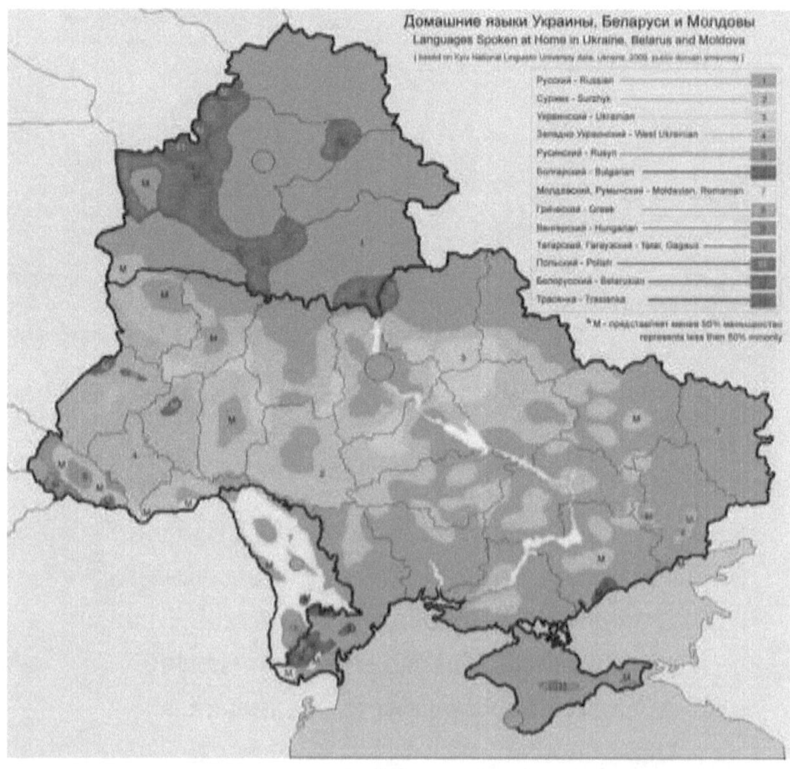

Відсоток тих, хто хоче, щоб російська мова стала другою державною

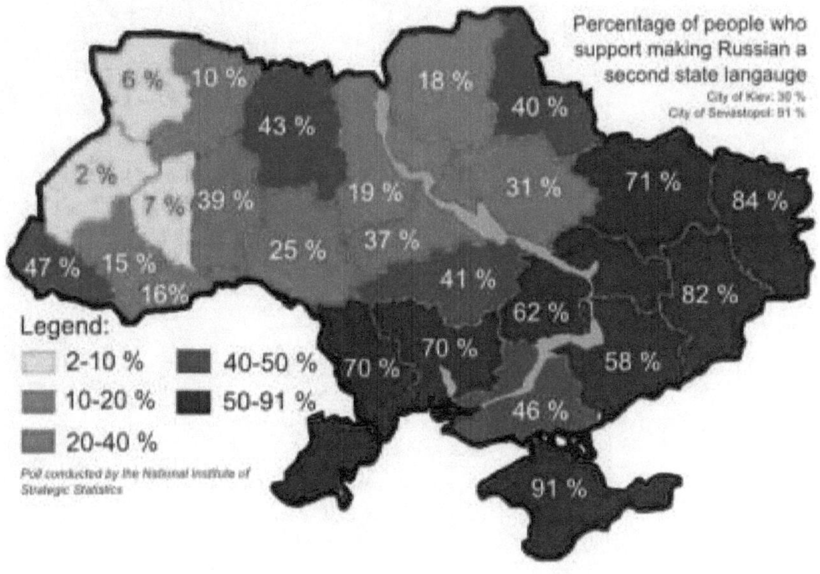

17 травня 2015 р.

Розділ П'ятий

Економічний розрив України між Сходом і Заходом (валовий регіональний продукт на душу населення провінцій (областей))

Адміністративна карта України

Валовий регіональний продукт на душу населення в Україні: долари США (2008)

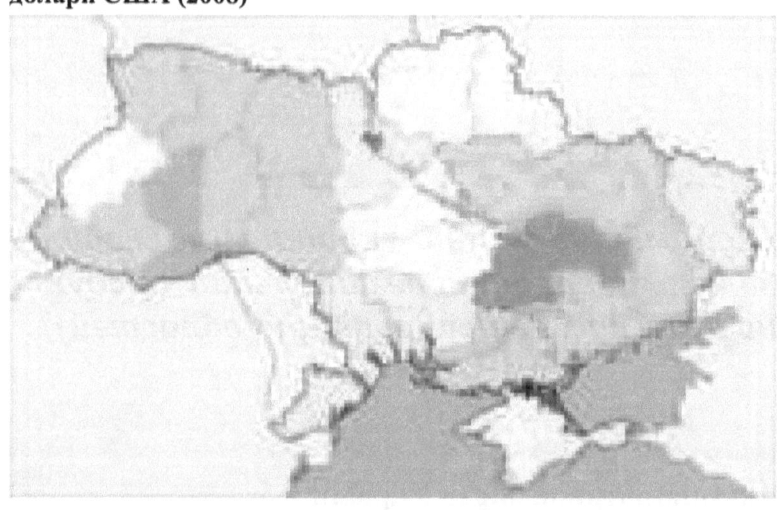

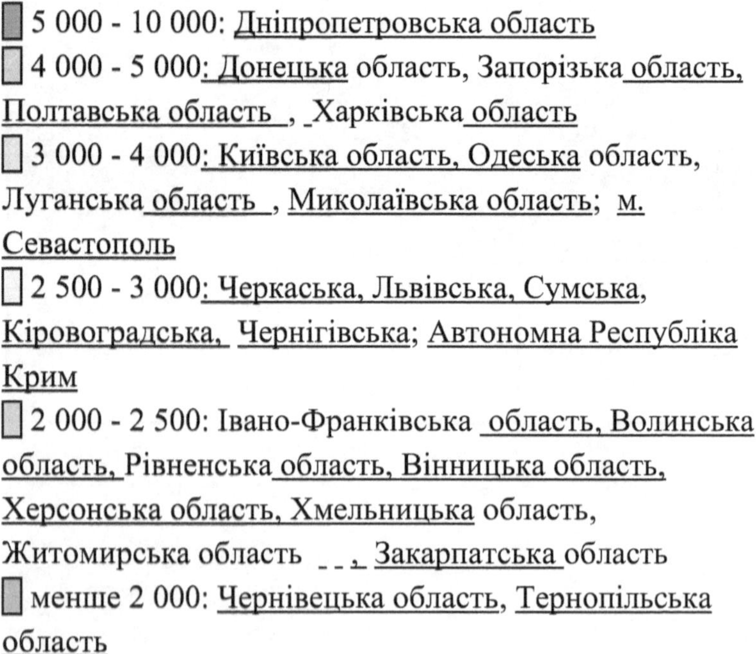

ВРП на душу населення (номінальна) 2004-2013 рр.

Перелік адміністративно-територіальних одиниць України за ВРП на душу населення (у дол.)[1]

	2004	2005	2006	2007	2008	2009	2010	2011	2012	2013
Автономна Республіка Крим	930	1,260	1,604	2,094	2,638	1,788	2,080	2,452	2,837	2,952
Черкаська область	912	1,303	1,625	2,046	2,768	1,847	2,183	2,655	3,073	3,274
Чернігівська область	970	1,263	1,527	1,996	2,508	1,684	1,941	2,438	2,765	2,828
Чернівецька область	675	908	1,119	1,459	1,855	1,204	1,378	1,666	1,818	1,896
Дніпропетровська область	1,618	2,324	3,017	4,132	5,870	3,560	4,374	5,298	5,587	5,797
Донецька область	1,826	2,437	3,114	3,999	4,942	2,969	3,653	4,590	4,868	4,733
Івано-Франківська область	985	1,349	1,615	1,991	2,457	1,602	1,867	2,441	2,925	3,005
Харківська область	1,350	1,761	2,248	3,098	4,043	2,724	2,979	3,522	3,750	3,894
Херсонська область	854	1,115	1,335	1,608	2,268	1,573	1,808	2,140	2,241	2,416
Хмельницька область	855	1,125	1,391	1,802	2,265	1,512	1,714	2,174	2,493	2,523
Київська область	1,250	1,692	2,162	2,977	3,910	2,794	3,294	4,335	5,066	5,003
Кіровоградська область	963	1,247	1,529	1,890	2,566	1,681	1,957	2,508	2,763	3,194
Луганська область	1,123	1,586	1,997	2,698	3,481	2,126	2,494	3,157	3,247	3,066
Львівська область	1,014	1,299	1,653	2,161	2,639	1,809	2,061	2,580	3,052	3,120

Перелік адміністративно-територіальних одиниць України за ВРП на душу населення (у дол.)[1]

	2004	2005	2006	2007	2008	2009	2010	2011	2012	2013
Миколаївська область	1,208	1,522	1,934	2,421	3,071	2,188	2,555	2,947	3,108	3,422
Одеська область	1,321	1,682	2,055	2,738	3,728	2,611	2,841	3,243	3,387	3,643
Полтавська область	1,662	2,258	2,837	3,663	4,267	2,867	3,737	4,439	4,808	5,000
Рівненська область	905	1,223	1,529	1,920	2,319	1,501	1,737	2,107	2,360	2,377
Сумська область	941	1,268	1,554	2,029	2,586	1,749	1,980	2,494	2,718	2,942
Тернопільська область	661	898	1,152	1,487	1,839	1,314	1,476	1,896	2,083	2,104
Вінницька область	883	1,164	1,451	1,814	2,290	1,559	1,806	2,238	2,534	2,790
Волинська область	897	1,226	1,465	1,923	2,343	1,514	1,754	2,140	2,409	2,479
Закарпатська область	797	1,048	1,302	1,673	2,017	1,294	1,547	1,820	2,138	2,132
Запорізька область	1,521	2,084	2,647	3,569	4,411	2,646	2,981	3,472	3,836	3,819
Житомирська область	826	1,084	1,314	1,680	2,192	1,465	1,842	2,164	2,446	2,538
м. Київ	4,348	5,617	6,972	9,860	11,694	7,841	8,875	10,041	12,192	13,687
м. Севастополь	1,099	1,454	1,996	2,566	3,150	2,178	2,578	3,094	3,237	3,598
Україна	**1,367**	**1,829**	**2,303**	**3,068**	**3,891**	**2,545**	**2,974**	**3,588**	**4,005**	**4,188**

30 червня 2015 р.0

Розділ Шостий

Консенсус щодо України

Після захоплення влади демократично обраного президента України Януковича опозицією, що опинилася в облозі, стає очевидним, що зовнішні сили (Захід – Європейський Союз, НАТО, США та Російська Федерація), які підтримують обидві сторони конфлікту, зайняли непримиренну позицію, вимагаючи, щоб інша сторона повністю прийняла їхні версії характеру конфлікту та позиції, які вони зайняли. На жаль, нездатність або небажання як західних держав, так і Росії зробити попередні кроки, щоб знайти спільну мову в конфлікті, де жодна зі сторін не помиляється, ставить Україну в небезпеку.

UKRAINE
BELARUS
RUSSIA
POLAND
SLOVAKIA
HUNGARY
MOLDOVA
ROMANA
Lutsk
Rivne
Chernihiv
Sumy
Lviv
Poltava
Kharkiv
Luhansk
Ternopil
Vinnytsia
Cherkasy
Dnipropetrovsk
Donetsk
Uzhorod
Mykolaiv
Zaporizhia
Odesa
Kherson
Sea of Azov
CRIMEA
Simferopol
Black Sea

Territories annexed to Ukraine...

by the Russian tsars in 1654-1917

by Vladimir Lenin
in 1922

Chernihiv

KYIV

LVIV

Poltava

Vinnytsia

Luhansk

Ukrainian territory
in 1654

Odesa

by Josef Stalin
in 1939, 1945

by Nikita Khrushchev
in 1954

Sevastopol

Президентські вибори 2010: Тимошенко (синій), Янукович (червоний)

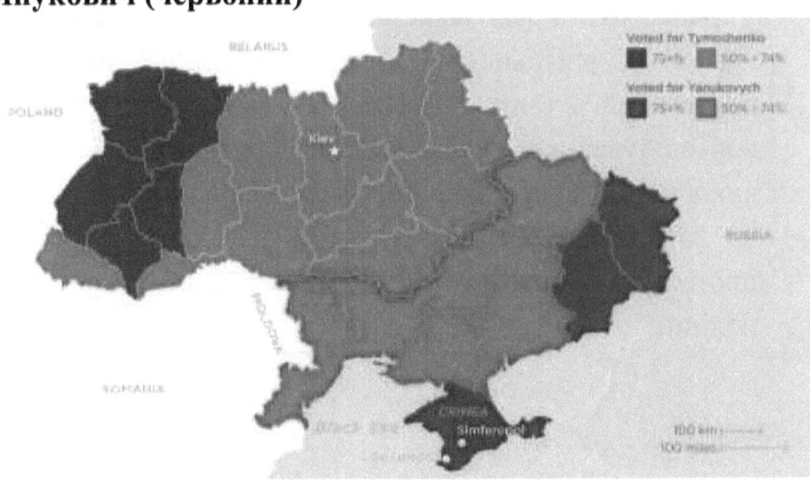

Режим Януковича був таким же корумпованим, як і інші попередні режими, дві третини з яких були прозахідними, але очевидно, що ЄС запропонував набагато менше допомоги, ніж очікував Янукович, і що пропозиція Росії була більш привабливою, що робить рішення Януковича прийняти російську допомогу логічним. Реакція опозиції на позицію Януковича добре вписувалася в її проєвропейську орієнтацію, але всім було зрозуміло, що опозиція здійснила багато незаконних дій під час свого протесту, дій, які не потерпить жоден уряд у світі. Також було зрозуміло, що режим Януковича діяв незаконно щодо деяких опозиціонерів. Західні уряди та Росія втрутилися на підтримку проєвропейського та проросійського таборів відповідно, навіть незважаючи на те, що втручання Заходу у відкрите спілкування з протестувальниками в центрі України (Києві) було недипломатичним.

Також очевидно, що і Захід, і Росія мають інтереси в Україні, хоча Росія може втратити більше, ніж західні країни. У фінальному протистоянні обидві сторони – проєвропейські протестувальники, які захопили владу і консолідувалися, і повалений уряд Януковича – використовували зброю протягом місяців протистояння на Майдані Незалежності в Києві. А жертв серед протестувальників було вчетверо більше, ніж серед поліції.

Східнослов'янські племена, що утворили Київську Русь

Держава Київська Русь (Київська Русь): 882-1240 рр.

Держави-спадкоємиці Київської Русі після монгольської навали

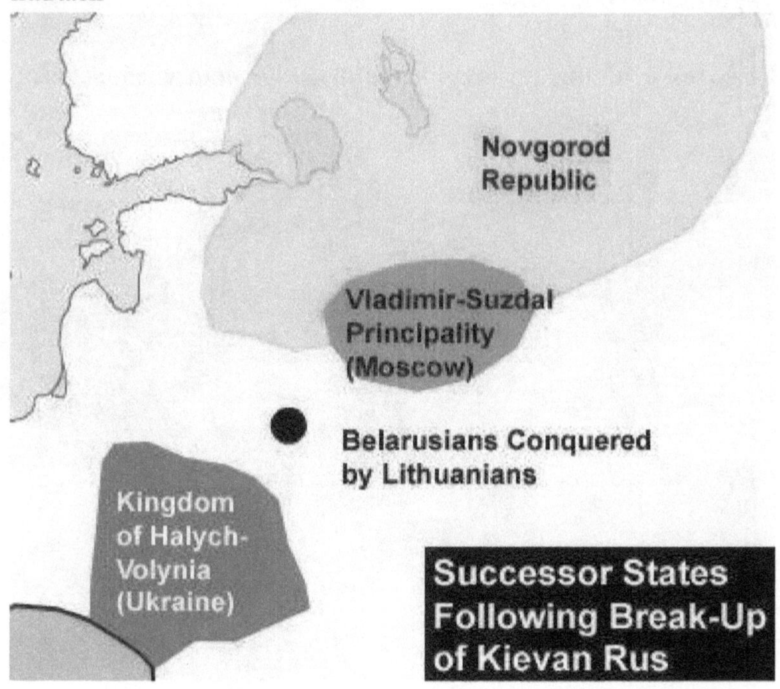

Беручи до уваги вищесказане, особливо під час протистояння, консенсус був тим, чого очікували більшість логічних або раціональних умів. У певному сенсі це було досягнуто в результаті угоди, яку Янукович підписав з опозицією, гарантованої підписами представників кількох західних урядів. Той факт, що Янукович був повалений опозицією наступного дня після виведення військ з Києва, як того вимагала угода, означав порушення. І те, що Росія організувала захоплення проросійського Криму, також є порушенням. Тим не менш, ці дві дії не повинні означати кінець пошуку консенсусу, особливо на благо українського народу.

Відсоток етнічних росіян в Україні у 2001 році за областями

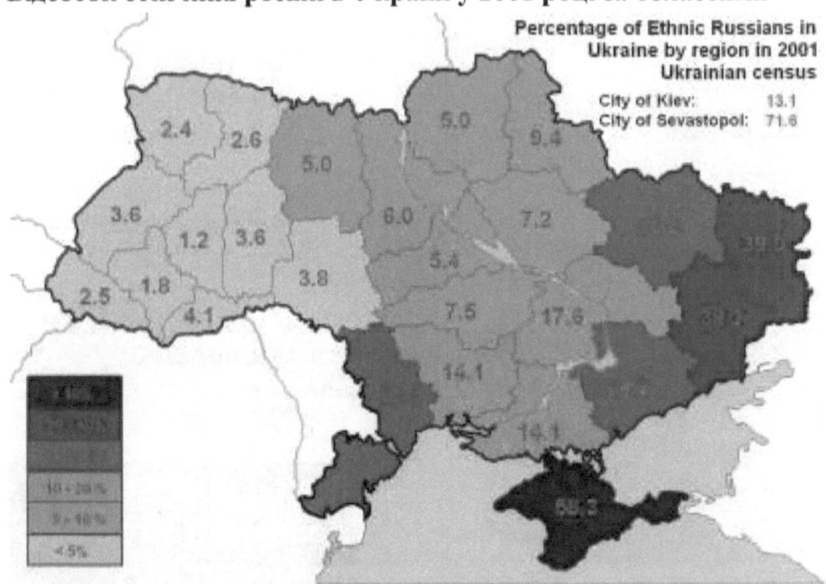

Відсоток тих, хто хоче, щоб російська мова стала другою державною

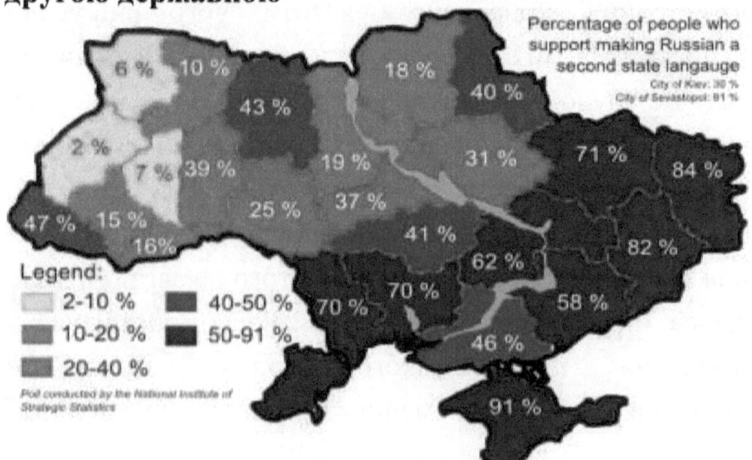

Світ може дивитися на історичні постаті, такі як Тарас Шевченко та Микола Гоголь, як на об'єднуючих українських героїв, і виносити з них корисні уроки. Ці наслідувальні діячі вдосконалювали та популяризували українську мову, а також багато писали російською, сприяючи розвитку мови. Українці повинні бачити себе двомовним народом, навіть якщо вони опинилися в центрі перетягування каната між Заходом і Росією. Вони є пішаками в руках як Заходу, так і Росії, причому Захід прагне ізолювати Росію, а Росія дає відсіч. Росія і Захід повинні зробити кроки, щоб знайти спільну мову, і особливо західноукраїнські політики повинні поважати почуття Сходу і Півдня.

Адміністративний поділ України за місячною заробітною платою

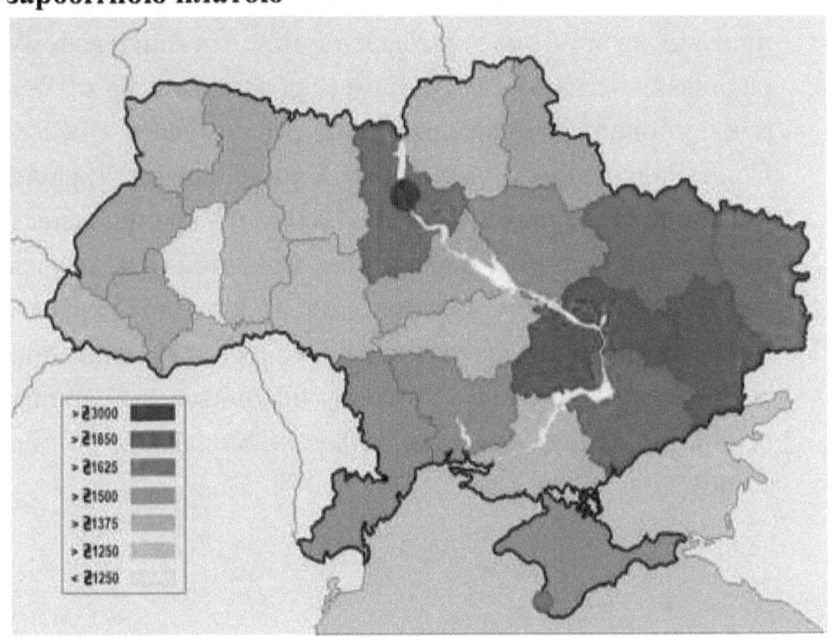

Найкращий шлях вперед – це реалізувати план, який опозиція зробила з поваленим президентом, або принаймні його переглянуту версію, яка може навіть не включати Януковича та колишніх опозиціонерів, готуючись до виборів, які Януковичу не доведеться оскаржувати. В основному повинна бути вироблена взаємоузгоджена структура, що визнає права народів по обидва боки Дніпра, не допускаючи зневажання жодною стороною прав іншої.

Після глибоких роздумів стало очевидним, що оскільки Леонід Кравчук із Західної України став лідером Української РСР через міжусобиці між центральними та східними українцями, а потім вступив у змову з Єльциним з РРФСР та Кебичем з Білоруської (Білоруської) РСР з метою розірвати Радянський Союз, незважаючи на те, що їхнє населення щойно проголосувало на референдумі, організованому радянським лідером Михайлом Горбачовим того ж 1991 року, уповноваживши його на це реформувати СРСР у Союз Радянських Суверенних Держав, народ України ніколи не голосував за когось із Західної України на пост президента країни. Таким чином, повстання видаються найлегшим шляхом для вихідців із Західної України, яким, вочевидь, важко завоювати голоси в Центральній та Східній/Південній Україні, особливо від інших етнічних меншин (угорців, румунів, молдаван, болгар тощо).

Мови, якими розмовляють в Україні

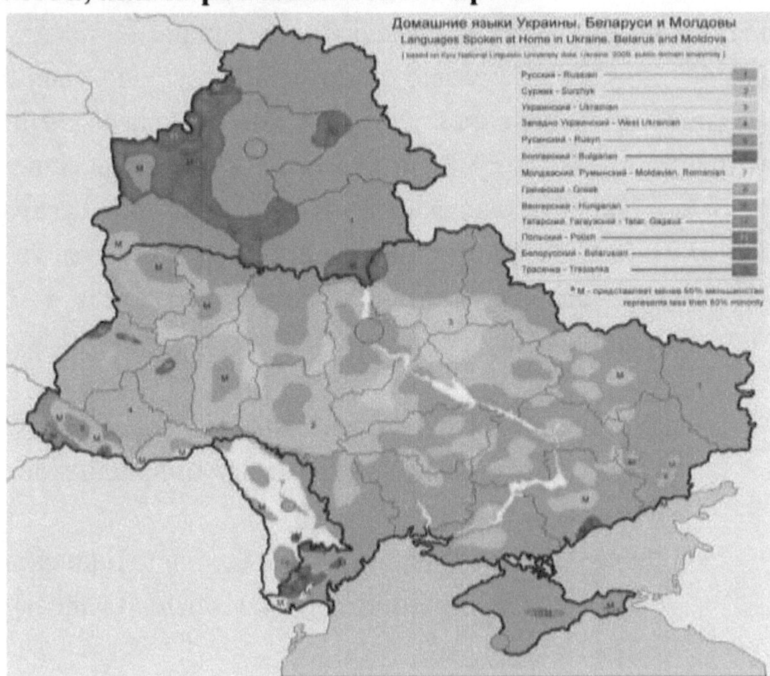

Мова, якою розмовляють вдома в Україні

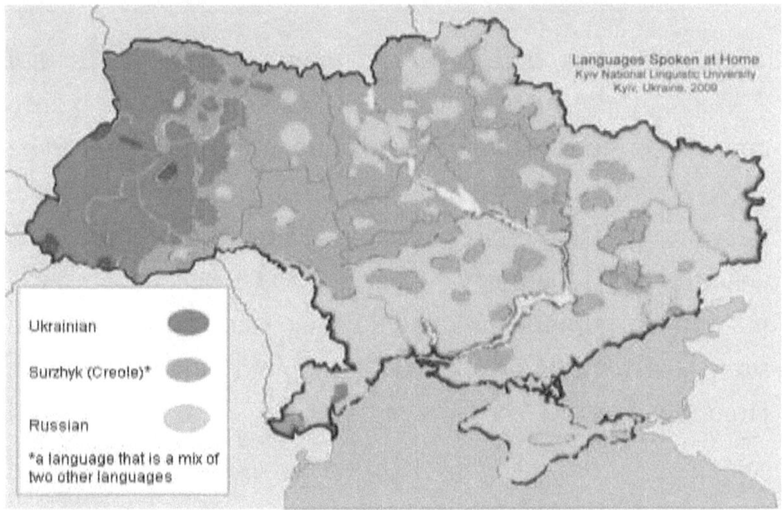

Очевидно, що більшість жителів Західної України навряд чи приймуть когось зі Сходу/Півдня на посаду глави держави, тому що вони вважають, що народ Східної та Південної України не є справжніми українцями. То чому б не створити Федерацію Нової України, яка б складалася з трьох областей? Багато людей вважають, що це найкращий спосіб зробити це. Ці три області або одиниці повинні складатися з їх нинішніх провінцій:

- (Двомовна Центральна Україна з центром у Києві, де російська та українська мови однаково визнані.
- Федеральна одиниця Східної/Південної України, де прийнято переважати російську мову.
- І Західноукраїнська федеральна одиниця, де переважає українська мова).

Україна може багато чому навчитися у Південної Африка про те, як переосмислити себе зі свого минулого апартеїду. Або зі Швейцарії, яка працює, незважаючи на свою різноманітність. Бельгія – розділена країна, яка все ще разом. Камерун, незважаючи на нав'язану Францією фашистську систему, яка зараз перебуває під чотиридесятирічним правлінням непопулярного та маніпулятивного французького маріонеткового монстра Поля Бія, все ще тримається разом.

Галицько-Волинське королівство 1253–1349 рр., інакше зване Малоросійським царством (Західною Україною), що виникло після загибелі Київської Русі після монгольської навали 1239-41 рр. та окупації земель (Золотої Орди), звідки також виникла Московія (Російська імперія).

Річ Посполита 1569-1795 рр.

Обриси **Речі Посполитої** з її основними підрозділами після <u>Деулінського перемир'я</u> 1618 року, накладених на сучасні державні кордони.

<u>Корона Королівства Польського</u>

<u>Велике князівство Литовське</u>

<u>Лівонське герцогство</u>

<u>Герцогство Пруссія, польський феод</u>

<u>Герцогство Курляндія і Семигалія, феод Речі Посполитої</u>

Короткочасна Гетьманщина або козацьке військо 1649–1764 років (незалежна від Польщі в 1648—1657 роках під час повстання на чолі із запорозьким козацьким гетьманом Богданом Хмельницьким, поки не присягнула на вірність російському царству). Багато істориків вважають першою українською державою.

Недовговічну Українську державу у квітні-грудні 1918 року утворив антибільшовик Павло Скоропадський.

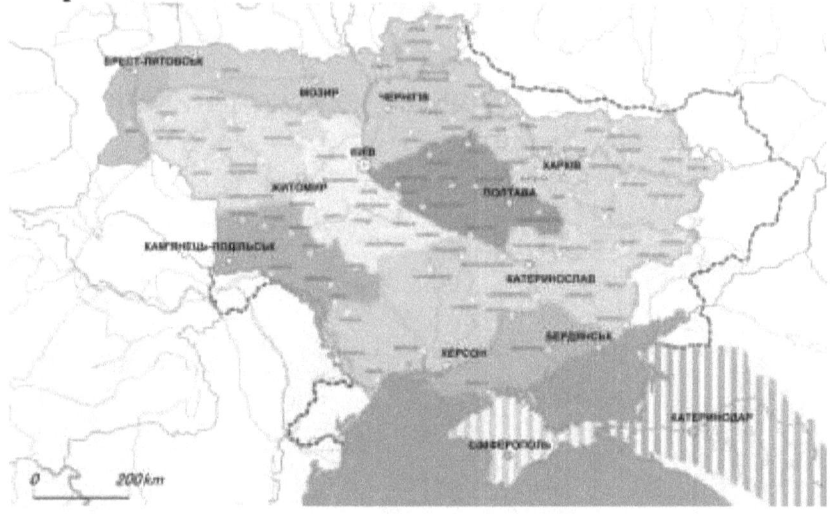

Політична карта України до лютого 2014 року

А чому б не зробити Україну нейтральною? Таким чином, ця надзвичайно складна країна, народи якої насправді не відрізняються один від одного і які насправді страждають від відмінностей, що виникли століття тому, викликаних силами з її північних, західних і східних кордонів, стає мостом між Європейським Союзом і очолюваним Росією Євразійським Союзом.

Гаслом має бути консенсус. Як новий уряд у Києві, так і його заклятий ворог на сході України контролюють владу і силу. Вони не були обрані або є вибором народу. Ті, хто в Києві, підтримуються Заходом і прийшли до влади шляхом обману та державного перевороту. Ті, хто перебуває на сході України, мають благословення Росії і не визнають у Києві правих, які виступають проти Росії, етнічних росіян та русифікованих українців. Отже, обидва нелегальні табори не служать інтересам України, і краще сісти і знайти консенсус в інтересах більшості українського народу. Вони повинні вчитися у Південної Африка після апартеїду, очолюваної Манделою.

Сісти за стіл переговорів і розробити тимчасовий уряд, який представлятиме всі українські групи та громадянське суспільство, зробити країну офіційно двомовною тощо, розробити нову конституцію, яка поважатиме права всіх, а потім організувати вільні та чесні вибори, де кандидати зможуть вільно проводити передвиборчу кампанію в будь-якій частині Нової України та не зазнавати утисків та побиття з боку тих, хто їм протистоїть. Як одного разу сказав Ехуд Барак: *«Найскладніший мир кращий за найпростішу війну».*

1 березня 2015 р.

Розділ Сьомий

Божевілля відновлення війни в Україні

Якщо називати речі своїми іменами, то стає очевидним, що НАТО/США та багато хто при владі на Заході хочуть повномасштабної війни в Україні, створюючи постійний шрам між східними слов'янами, а особливо між російськомовними та україномовними українцями. Європі не потрібна велика війна, і Мінські домовленості – це найкраще, що є на столі. надання справедливого ступеня самоврядування тій частині України (Південній та Східній), яка виступала проти повалення людини, за яку вони проголосували (злодія Віктора Януковича, який був злодієм, як і його попередники) на найвільніших і найсправедливіших виборах в історії України, частині, яка опинилася об'єктом небажаної війни з боку тих, хто здійснив переворот, логічно це зробити. Українці не ненавидять один одного. Вони просто виявилися людьми в Європі, чия свідомість була зіпсована історією більше, ніж будь-хто інший. І це найгірший етап у безладді свідомості людей, особливо з використанням нинішнього політичного керівництва, яке відіграло важливу роль у тому, щоб Україна стала такою, якою вона є сьогодні (корупція, олігархія тощо). Наприклад, Порошенко був причетний як до минулих проросійських, так і до прозахідних олігархічних урядів.

Україні потрібен консенсус, який би поважав законні права, занепокоєння та прагнення всіх різних соціально-етнічних груп у країні. На жаль, впровадження чогось подібного до того, що спрацювало в таких країнах, як Південна Африка, суперечило б інтересам іноземних держав.

Західна/Центральна Україна не може домінувати над Східною/Південною Україною (тобто україномовна половина України не може нав'язувати свою сліпу волю російськомовній половині) і навпаки. Можна було б подумати, що узурпатори в Києві вже це зрозуміли. Я починаю думати, що африканці є найбільш поблажливою групою у світі, тобто народом, який має велику здатність залишити все позаду після рабства, колоніалізму, апартеїду, а тепер і неоколоніалізму, і дивитися в майбутнє, де все має бути зроблено заради людства.

Або, можливо, конфлікт в Україні є останньою спробою Західного альянсу, в якому домінує Англо-Америка, розгубити і східних слов'ян (єдиних європейців, які плекають і утримують свій суверенітет) і привести всіх європейців під свою гегемонію, реалізувавши стратегічне рішення зробити братнього сусіда Росії – Україну – антиподом Росії для довгострокової стратегічної мети підриву Росії. розбити його і врешті-решт зробити його васалом або підлеглим партнером Заходу.

Якщо конфлікт в Україні не є хитрістю для досягнення довгострокових цілей, про які більшість світу не знає, то всі воюючі сторони, особливо НАТО, ЄС і США, повинні змусити уряд у Києві виконати Мінські домовленості і укласти узгоджений мир з повстанцями на Донбасі.

19 серпня 2015 р.

Розділ Восьмий

Подальший шлях для України

Більшість справжніх прихильників соціальної солідарності, гуманізму та альтруїзму зараз втомилися від популярних ЗМІ з їхніми неприємними програмами, особливо коли йдеться про зовнішню політику та іноземні інтереси. І ніде викривлення правди засобами масової інформації не було таким огидним і очевидним, як щодо конфлікту в Україні. Так, конфлікт в Україні — одна з найдурніших суперечок, що переслідують цю планету. І вся справа в геополітиці.

Заради гуманності розв'язання конфлікту в Україні та десятків інших конфліктів через інтереси та викривлені ідеї чи поняття геополітики слугувало б загальним інтересам людства. Що стосується України, то світ потребує, щоб держави говорили прямо, коли йдеться про добробут жителів Донецька, Луганська та решти Південної/Східної України. Вони проголосували за свого сина на найвищу посаду в країні, сина, якого на посаді президента України пізніше відсторонили від влади в результаті підтримуваного Заходом перевороту після вуличних демонстрацій, під час яких іноземні політичні діячі, такі як Вікторія Нуланд, Джон Маккейн тощо, вийшли на публіку та потерлися плечима з протестувальниками. Так, повалений президент України Віктор Янукович був злодієм, якого прийняла Росія, але у нього не вистачило сміливості (дехто скаже, що у нього не вистачило порядності) застосувати переважну силу проти своїх українських опонентів, вирішальну силу, яку більшість урядів, навіть на Заході, використали б. Підтримувана Заходом опозиція, яка, як було доведено, корисна для західного порядку денного, і яка прогнала його від влади і взяла на себе кермо уряду, також має або також мала купу злодіїв у своїх верхівках.

Ми не можемо дозволити собі ігнорувати це питання. Як би відреагували жителі Західної чи Центральної України, якби підтримуваного Заходом колишнього президента Ющенка Ющенка, теж злодія, вигнали від влади східні/південні українці? Вони б виступили проти. Як каже Біблія: «Робіть іншим те, чого б ви хотіли, щоб інші робили вам».

Беручи це до уваги, логічний розум може сказати, що східні/південні українці будуть виправдані, якщо вони перенесуть війну на Західну Україну. Але як гуманіст я ненавиджу це або війну в будь-якій формі. Я підтримую слова Ехуда Барака, коли він сказав, що *найскладніший мир кращий за просту війну*.

Є західна пропаганда з приватними медіа-гігантами,

які працюють у тандемі з урядом чи офіційною політикою, особливо коли йдеться про зовнішню політику та державні інтереси. Засоби масової інформації та уряди західного світу також працюють зі своїми величезними транснаціональними корпораціями чи корпораціями. Ця прекрасна домовленість між корпораціями, засобами масової інформації та урядом називається корпоратократією. У Росії це уряд або держава, яка поширює пропаганду через державні ЗМІ. У певному сенсі це одне й те саме. Вони годують маси опіумом дезінформації, призначеної для новин. Тільки допитливі, проникливі і чесні намагаються відсіяти правду. Коротко кажучи, провідні російські ЗМІ відображають погляди, позиції, цілі та інтереси російської держави, в той час як західні ЗМІ також відображають погляди, позиції, завдання та інтереси своїх урядів/приватних власників/бізнес-союзників.

Лідери кількох західних країн працювали з українською опозицією в той час, щоб повалити демократично обраного лідера України (Януковича), хоча й сильно корумпованого, тому що він не хотів виконувати їхні накази, а потім привели до влади тих, хто виконує їхні накази (маріонетки, як це називається). Цих маріонеток багато в таких місцях, як у Африка. Одним з них є Пол Бія з Камеруну. Його попередник Ахіджо був іншим). Нинішні українські лідери, які виконують накази західних ляльководів, є або були так само корумповані з темним минулим.

Росія, яка підтримала поваленого президента України Януковича, відреагувала або виграла від повалення

Заходом своєї людини при владі в Україні, оскільки вона скористалася хаосом, захопивши в України Крим, півострів, на якому базувався російський Чорноморський флот саме в Севастополі, і який раніше був російським до 19 лютого. 1954 рік, коли Микита Хрущов (глава держави СРСР з 14 вересня 1953 року по 14 жовтня 1964 року, українець за національністю) по-братськи подарував його Україні на честь 300-річчя росіян та українців (відгалужень Русі), які знову зібралися разом після століть розлуки після монгольського завоювання Київської Русі в 13 столітті. Некриваве захоплення Росією Кримського півострова передбачало використання «волі кримського народу» у незаконному, але демократичному русі (референдумі), де більшість кримчан проголосувала за приєднання до Росії. Потім Росія продовжила допомагати агітаторам Донбасу (Донецької та Луганської областей, які були потужною опорою Януковича) у протистоянні перевороту.

- *Отже, чи винні Захід і Росія в розпалюванні конфлікту в Україні?*
- Так, це так. Один як підбурювач (Захід), а інший як реакціонер (Росія).

- *Чи винен і український народ?*
- Так, за те, що дозволили Януковичу, а також хлопцям, які скинули його за допомогою Заходу, обдурити і обдурити їх.

- *Чи є якась логіка в тому, що народ Донбасу оскаржує повалення того, кого він обрав переважною більшістю?*
- Так, логіка є.

- *Чи був збройний конфлікт необхідним?*
- Ні.

- *Чи надавали Росія та західні держави військову підтримку сторонам конфлікту, які вони підтримують?*
- Так, і відкрито, і мовчазно.

У Гані, після двох десятиліть зриву, викликаного державним переворотом, спонсорованим ЦРУ (Центральне розвідувальне управління, яке є цивільною зовнішньою розвідувальною службою федерального уряду Сполучених Штатів Америки, офіційним завданням якої є збір, обробка та аналіз інформації з усього світу, що стосується національної безпеки), який скинув батька-засновника нації (Кваме Нкруму), тим самим призводячи до нестабільності, оскільки країна переживала один переворот за іншим через суперництво між змовниками (спойлерами), які почали воювати між собою, молодий армійський офіцер на ім'я Джеррі Роулінгс скинув цю купу безглуздих руйнівників, стратив усіх ретроградів, які захопили владу в минулому, повернув демократію в країну і знову направив Гану на правильний шлях. У Гані було три обрані глави держав з того часу, як Роулінгс заповів владу своєму демократично обраному наступнику в 2000 році. З цього можна винести урок. Україні потрібно позбутися всіх своїх олігархів, які займалися політикою з 1990 по 2015 рік. Вони несуть відповідальність за погане управління в цій країні. Я б не рекомендував їх виконувати. Українські олігархи показали, що їх можна купити, і вони можуть бути нічим іншим, як маріонетками інших (Заходу та Росії).

- Чи породить Україна когось на кшталт міфічного чи легендарного Тараса Бульби (який відкинув польське, татарське чи турецьке панування), чи створить Україна «Нову Україну» та українську ідентичність, яка примириться з усіма її різноманітними сутностями?
- Так, може.

Але для цього потрібен хребет, ефективне керівництво, об'єднуюча ідея, заснована на гуманізмі, а не на націоналізмі, де на першому місці стоїть ненависть до іншого (пристрасть Західної України), правди про себе і зобов'язання бути самокритичним. Це вимагатиме від України миру з самою собою. Це вимагатиме від українців відмови від божевільної стіни, яку будує вздовж російського кордону її істеричне та параноїдальне керівництво, яке прийшло до влади незаконно і боїться її тіні; це вимагатиме від нинішніх і колишніх політичних еліт, чиї корумповані шляхи розбестили душу України, сказати *mea culpa*; це вимагатиме від Заходу та Росії, які допомагають українцям, сісти за стіл переговорів у процесі, подібному до програми «Правда і примирення» Південної Африка після апартеїду.

Насправді, приємно бачити, що життя жителів Східної України, які пережили рік кошмару у війні, якого можна було б уникнути, якби протилежні групи інтересів побачили необхідність співпраці або взяли до уваги інтереси та добробут простих людей. Україні потрібна програма «Правда і примирення», за допомогою якої вона могла б ефективніше виробити нову конституцію, амністію, мир, примирення, справжню свободу і справжню демократію – процес очищення як такий. Знову ж таки, обидві сторони конфлікту мають рацію. І народу України не зашкодить, якщо егомани відкинуть своє роздуте его та шкідливі інтереси і натомість прагнутимуть до угоди про розподіл влади між різними регіонами країни, з часовими рамками, спрямованими на заснування «Нової України», де нормами є свобода, справжня демократія, права людини, амністія, нова конституція тощо.

Тільки так може народитися нова Україна.

У цьому конфлікті винні обидві сторони, і обидві сторони мали своє обґрунтування. Але шлях вперед полягає не в тому, щоб відкидати законні занепокоєння чи претензії іншої сторони. Захід діяв жахливо, сторона, яку підтримує Захід, діяла жахливо, Росія діяла безглуздо, і антимайданівські сили в Україні також не святі. Але жодній стороні не можна дозволяти нав'язувати свою волю іншій. Це було б рецептом для безперервного конфлікту. Жодна сторона не може перемогти іншу в цьому українському конфлікті. Але з огляду на здоровий глузд, гуманізм та/або альтруїзм, Україна може стати мостом між Росією та Заходом.

- Але чи дозволять цьому західні держави та Росія?
- Можуть.

Тільки якщо Захід припинить спроби використати Україну для того, щоб притиснути її до Росії, а також перестане ставити свої інтереси вище добробуту українського народу; і тільки в тому випадку, якщо Росія почне ставитися до України як до свого справжнього брата. Це також вимагатиме від української політичної еліти припинити сприймати готовність Росії допомагати їхній країні як належне; Це також вимагатиме від них перестати думати, що грати на Заході проти Росії – це нормально і навпаки заради соціально-економічних і політичних вигод. Для цього Україна має бути позаблоковою та мостом між Європейським Союзом та Євразійським економічним союзом.

Жовтень 2, 2015

Розділ Дев'ятий

Україна: викриття міфу, відкидання націоналізму, прийняття патріотизму та заснування «Нової України»

Після більш ніж року правління нового режиму в Києві, після періоду відмови визнати той факт, що влада перейшла з рук в руки в лютому 2014 року незаконно, або після ухилення від запитань про природу початкової нелегітимності нинішнього режиму, сьогодні ми бачимо, що засоби масової інформації, особливо західні, нарешті прийняли правду про те, що в Україні стався державний переворот, який скинув колишнього президента України Віктора Януковича. Німці люблять говорити, що «в історії або точці зору завжди є дві сторони» — діалектика. І оскільки можновладці погоджуються з тим, що стався переворот, ми не можемо відкидати почуття чи позицію тих, хто голосував за людину, яку скинули. Рівненці, чернігівці та сумці відреагували б так само, як жителі Криму та Донбасу, якби їхні рідні сини (Леонід Кравчук, Леонід Кучма та Віктор Ющенко відповідно) були усунені з посад глави держави під час їхньої каденції їхніми опонентами. Беручи до уваги цитату Достоєвського про те, що «Якщо Бога немає, то все дозволено», я можу додати, що «Якщо немає поваги до верховенства права і легітимності, то можна очікувати чого завгодно». Про це свідчать повстання на Донбасі та анархізм українських ультраправих, які ініціювали переворот.

Я вважаю себе вільнодумцем і людиною, яка стежить за розвитком подій на землях колишнього СРСР з 1980-х років. Чому? Можливо, тому, що я знайшов сушу і людей цікаво інтригуючими; Можливо, тому, що мені подобалася російська література — Пастернак, Достоєвський, Пушкін, Тургенєв, Булгаков, Чехов, Гоголь, Толстой і т.д., можливо, тому, що мені подобаються *народні* пісні або рідні пісні, а може, тому, що я навчався там, переважно в Білорусі, і писав про це місце. Двома радянськими лідерами, якими я колись дуже захоплювався, були Ленін і Горбачов, особливо за щирість їхніх душ. Ленін припускався помилок, особливо у своїй реакції під примусом, але він їх визнавав, як і Горбачов.

Ленін – це людина, яка першою уможливила викладання стандартної української, а потім локалізованої, але грибної мови, що базувалася в Полтаві, на всій території сучасної України; він розширив територію України, додавши до неї більшу частину того, що на той час було Новоросією та Слобожанщиною, інакше званої Слобідською Україною, що означало «Прикордоння вільних прикордонників». Ці регіони увійшли до складу Російської імперії після того, як вона розгромила

Кримське ханство, васала Османської імперії---протектора тюркомовних татар цього регіону---а потім заселила ці регіони людьми з інших частин імперії.

Карта зростання Російської імперії

Кримське ханство близько 1600 р., поряд з територіями, на які претендували Московія (Російська імперія) та Польща (Річ Посполита)

Карта Новоросії 1897 р.

Карта Слобожанщини (Слобідська Україна)

Україна на карті СРСР (Союзу Радянських Соціалістичних Республік)

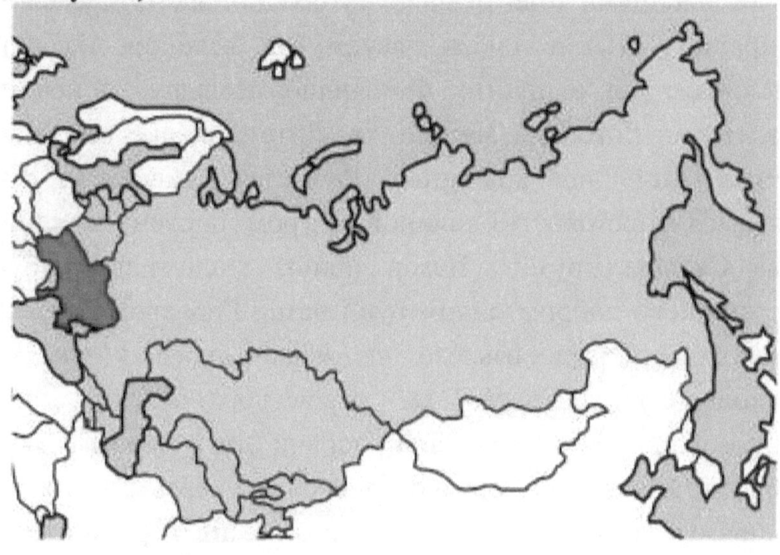

Східнослов'янські діалекти України та за її межами

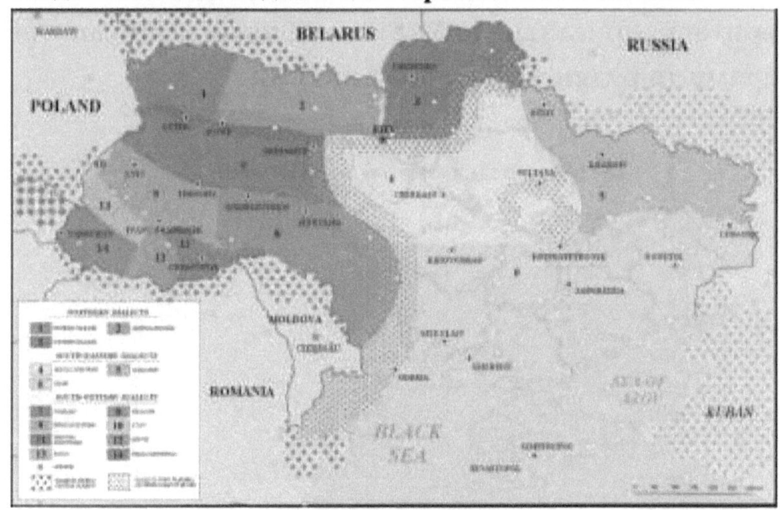

Однак на момент передачі Леніним цих регіонів новій Українській Соціальній Республіці більшість людей там були російськомовними, хоча більшість цих поселенців були вихідцями з центральної та західної частин сучасної України. Ленін також засуджував великоросійський шовінізм; він відпустив Фінляндію, Польщу та країни Балтії — Естонію, Латвію та Литву, визнавши їхню незалежність від колишньої Російської імперії; і він жахався жорстокості Сталіна в розгромі опозиції в рідній для Сталіна Грузії. Намір Леніна щодо народу був принципово добрим, таким був і намір Горбачова, козака (наполовину запорозького чи українського козака, а наполовину донського чи російського козака), чия дружина-сибірянка веде свій родовий дім у Чернігівській області в Україні. Горбачов висловлює жаль з приводу напрямку, в якому рухається Україна під керівництвом хлопців у Києві, як і я.

Території, приєднані до України різними російськими царями та радянськими керівниками

У Камеруні є приказка: *«Якщо ти дозволиш собі стати бананом, мавпи з'їдять тебе в найкоротші терміни».* Саме такою Україну дозволили стати глави українських держав минулого і сьогодення, і саме тому потенційно велика країна в серці Європи – це такий безлад, яким вона є сьогодні. Україна – найбільш психологічно зіпсована країна в Європі, і їх не можна повністю звинувачувати в цьому. За це відповідає історія. У гоголівському «Тарасі Бульбі» запорозькі козаки (предки південних і східних українців), які воювали з поляками, які в той час панували на землях більшої частини сучасної України, не могли зрозуміти природу свого народу (української еліти чи прикордонної руської еліти), яку вони знайшли в Києві та центрі, які діяли поляками, або тих із Заходу, які відкинули православну віру і прийняли католицизм (уніат), як поляки.

Я розмовляв з одним польським хлопцем тут, у США (він ненавидить Росію і звинувачує її в усій неспокійній історії Польщі), який зображує Польщу як жертву, в її фіаско в Україні, натомість звинувачуючи росіян, хоча Польща окупувала землі більшої частини сучасної України протягом більш ніж чотирьох століть, таким чином роблячи себе найбільшою причиною роз'єднаності серед східних слов'ян (народу колишньої Київської Русі) сьогодні. Це пов'язано з тим, що польська мова та культура сильно вплинули на мови та культуру того, що згодом стало Білоруссю та Україною, таким чином відрізняючи їх від російської мови та культури.

«Росія взяла Східну Польщу і віддала її Україні та Білорусі під час Другої світової війни». – сказав він. (Він мав на увазі, що Радянський Союз забрав у Польщі територію сучасної Західної України).

— *Це були руські землі, — відповів я.*

«Львів, Івано-Франківськ, Дубно та інші міста Західної України були побудовані Польщею; і поляки там становили більшість", - додав він.

«Поляки-окупанти жили в містах, а тубільці – у сільській місцевості. Так було протягом усієї історії в кожному випадку окупації. Окупанти живуть у місті, а аборигени – у сільській місцевості. Крім того, саме Польща першою напала на Росію в 1605 році». — сказала я йому.

Він мовчав.

«І Польща забрала руські землі; які сьогодні є Білоруссю та Україною (Малоросією), а потім століттями панували над цими територіями", - додав я.

«Якби ми не взяли Україну, це зробили б татари чи Росія». — заперечив він.

«Якби Росія це зробила, вона б ставилася до України як до частини Русі (колишньої Київської Русі), відновленої, як до брата, що возз'єднався; і деякі люди в Україні та Білорусі сьогодні не думали б, що вони не є частиною російської родини", - сказав я йому.

Пізніше того ж дня він повернувся до мене і задумливо сказав: «Я думаю, що Польща тоді зробила помилку. Ми повинні були зробити Україну рівноправним членом Речі Посполитої. Треба було пускати їх у Шляхту. Ми не повинні були їм нав'язуватися".

Він мав на увазі нав'язування польської мови, культури, релігії тощо на території сучасних України та Білорусі. Місцеві еліти українського походження в окупованій Польщею Україні перейняли польські звичаї, які трансформували діалекти, якими розмовляють на території сучасної України. Це була помилка. Але вже пізно. Сьогодні українцям важко точно визначити, хто вони. Вони були зіпсовані історією, і, як не дивно, багато хто з них шукає порятунку від чужинців, які зіпсували їх у минулому.

Будь-якій вільній душі і вільнодумцю не було б комфортно в сучасній Україні. Вільній душі та вільнодумцю також було б некомфортно в путінській Росії і ніколи не ладнали б добре з владою в Білорусі Лукашенка. Але я неохоче приймаю той факт, що Путін і Лукашенко повністю відповідають інтересам цих країн.

- *Хлопці в Києві повністю відповідають інтересам України?*
- Ні.

Інтереси України передбачають внутрішнє примирення. Злодій Янукович розумів це більше, ніж нещирий і кривавий Порошенко, його свита, банда і союзники. Інші злодії (Віктор Ющенко, Леонід Кучма, Леонід Кравчук) також розуміли це в тій чи іншій мірі. І те, що політики з Центру України використовують шалений націоналізм Західної України, щоб прийти до влади, є найбільшим прокляттям України. Це тому, що їхня залежність від підтримки електорату та еліт Західної України зв'язує їм руки від справжнього залучення своїх братів на півдні та сході України. І, правду кажучи, найбільш толерантними та найменш ксенофобськими українцями є українці зі Східної та Південної України, люди, яких сьогодні в Україні репресують, тому що вони все ще вважають Росію та росіян своїми братами і тому, що вони розмовляють російською мовою (хоча більшість тут – етнічні українці).

Поділ в Україні сьогодні відображений у позиціях двох братів з Чернігова, один з яких одружений з росіянином і живе в Росії. Він не бачить причин для того, щоб влада в Києві та її прихильники вважали Росію та росіян ворогами. Тим часом інший брат живе за кордоном у Західній Європі і хоче, щоб Україна не мала нічого спільного з Росією. Брати походять із стародавнього северського племені, з якого походять українці в Чернігові, а також росіяни по той бік кордону, а це означає, що вони мають спільну ДНК. У певному сенсі панслов'янський брат принаймні розуміє цю історичну правду, як і багато етнічних росіян; принаймні він розуміє, що українці та росіяни – це один і той самий народ Русі, що вони брати, незважаючи на їхню розділену історію.

Помилковою є думка, що через русифікацію багато українців не можуть сказати, що їхньою рідною мовою є стандартна українська. Першим письмовим твором, який вважається стандартним українським, була «Енеїда» 1798 року, написана Котляревським. Так, переважно з середньодніпровського діалекту, яким розмовляли в Полтаві, Києві та Черкасах, з вкрапленнями слобідського діалекту та степового діалекту, яким розмовляли запорозькі козаки. Тарас Шевченко відшліфував цю нову мову, але, незважаючи на це, вона все ще була локалізована і використовувалася переважно інтелігенцією (яка за часів польського панування розмовляла переважно польською), яка також була письменною російською. Тоді понад 80% населення було неписьменним і розмовляло на своїх діалектах української мови (загалом північному, південно-східному та південно-західному діалектах). Шкільна освіта у 1800-х роках по всій Російській імперії означала навчання російською, державною мовою, яка була поширена, особливо в містах, або українською, новою мовою, призначеною для використання народами, які раніше перебували під контролем Польщі. Більшовики навіть сприяли українізації в 1921-1932 роках у політиці Володимира Леніна, відомій як *коренізація-коренізація* (нативізація), спрямованій на ліквідацію панування російської мови та культури в усіх радянських республіках, створених для неросійських національностей, однією з яких була Україна. Таким чином, вона вперше сприяла поширенню локалізованої української мови на інші частини території, відведеної більшовиками як Україна.

Коренізація або українізація була періодом в українській історії швидкого навчання в школі або науковості (під час якого рівень грамотності зріс приблизно з 40% до понад 80%), але більшість тих, хто став грамотним у цей період, обрали стандартну російську мову замість стандартної української за власним вибором. Щоправда, українську мову не заохочували на користь російської, як це було в інших неросійських радянських республіках у 1933-1957 роках за директивами радянського диктатора Йосипа Сталіна. Але очевидно, що переважна більшість жителів Сходу та Півдня України ніколи у своїй історії не користувалася стандартною українською мовою, а розмовляла місцевими діалектами, які сьогодні перетворилися на суржик. Власне кажучи, місцеві діалекти Східної та Південної України ближчі до стандартної української мови більше, ніж місцеві діалекти Північної та Західної України, хоча народи Сходу та Півдня історично є російськомовними, більшість з яких ніколи у своїй історії не використовували стандартну українську мову у повсякденному житті чи в школі. Місцеві діалекти півдня і сходу України ближчі до діалектів, якими розмовляють через кордон у Російській Федерації, ніж до діалектів, якими розмовляють у Західній Україні та Центральній Україні.

Річ у тім, що для того, щоб рухатися вперед, Україна має прийняти свою подвійну ідентичність. Повертаючись до того, що колись писав легендарний французький лідер Шарль де Голль: *«Патріотизм – це коли любов до власного народу стоїть на першому місці; націоналізм, коли на перше місце виходить ненависть до інших людей, крім своїх».*, нам важко погодитися з тим, що Україна потребує більше любові, ніж ненависті, яка має тенденцію до сліпого мислення.

Слід сподіватися, що перемир'я принесе похмуре усвідомлення всім сторонам, які беруть участь у конфлікті, що Україні потрібно більше патріотизму і менше націоналізму. У патріотичній Україні обійняти всіх українців та їхню ідентичність, а також врахувати всі прагнення, інтереси та турботи всіх регіонів країни – це правильні речі. Нова Україна не може бути заснована на вузьких поглядах однієї сторони або на придушенні східної та південної частин країни.

7 жовтня 2015 р.